ÉDITIONS DES LOIS NOUVELLES

EMILE SCHAFFHAUSER, DIRECTEUR

LE

LIBRE SALAIRE DE LA FEMME

ET LA

Contribution des époux aux charges du ménage

LOI DU 13 JUILLET 1907

PAR

Raoul de LA GRASSERIE

Lauréat de l'Institut de France.
Correspondant du Ministère de l'Instruction publique.
Juge au tribunal civil de Nantes.

PARIS

Aux Bureaux des LOIS NOUVELLES

9, Rue Bleue, 9

1907

RÉDACTION ET ADMINISTRATION
9, Rue Bleue, 9, PARIS

LES

LOIS NOUVELLES

Revue de Législation et de Jurisprudence

ET

REVUE DES TRAVAUX LÉGISLATIFS

Paraissant le 1er et le 15 de chaque mois.

RÉDACTEUR EN CHEF : **EMILE SCHAFFHAUSER**
DOCTEUR EN DROIT
Secrétaire de la Rédaction : H. CHEVRESSON
Avocat à la Cour d'appel de Paris

Chaque Numéro comprend 64 pages

Les *LOIS NOUVELLES* comprennent quatre parties formant des fascicules séparés, chacun avec pagination spéciale.

La 1re PARTIE, intitulée REVUE DE LEGISLATION, comprend le commentaire de toutes les Lois Nouvelles présentant un intérêt général.

La 2e PARTIE, intitulée REVUE DES TRAVAUX LEGISLATIFS, comprend l'exposé des projets de loi et des rapports déposés à leur occasion *et en outre un tableau des travaux législatifs dans les deux Chambres.*

La 3e PARTIE, intitulée LOIS ET DÉCRETS, renferme non seulement tous les textes d'intérêt général, mais encore les circulaires ministérielles relatives à leur application, et se trouve être ainsi LE SUPPLEMENT LE PLUS COMPLET DE TOUS LES CODES.

La 4e PARTIE, intitulée REVUE DE JURISPRUDENCE, enregistre toutes les décisions judiciaires relatives aux nouveaux textes législatifs et complète ainsi la 1re partie.

Les commentaires publiés par les *LOIS NOUVELLES* comprennent l'exposé de la législation et de la jurisprudence antérieures à la nouvelle loi, l'exposé des travaux législatifs, et enfin l'examen critique de toutes les difficultés auxquelles pourra donner lieu l'interprétation de la loi.

Abonnement annuel : Paris et départements : 15 fr.
Etranger : 18 fr.

EN VENTE AUX BUREAUX DES « LOIS NOUVELLES »

LA COLLECTION DES LOIS NOUVELLES

Comprenant les années 1900-1907 et la table des Lois nouvelles de l'origine à 1900, au prix de. . . . . **60 fr.**
Les différentes années se vendent séparément :
Année 1907. . . . . **15 fr.**
Année 1906. . . . . **12 fr.**
Les années précédentes, chacune. . . . . . . **10 fr.**

Le paiement a lieu au gré du souscripteur.
Il est fait un escompte de 10 0/0 au cas de paiement comptant.
L'envoi a lieu franco, expédition et recouvrement.

LE
LIBRE SALAIRE DE LA FEMME

ET LA

Contribution des époux aux charges du ménage

LOI DU 13 JUILLET 1907

ÉDITIONS DES LOIS NOUVELLES

ÉMILE SCHAFFHAUSER, DIRECTEUR

LE

LIBRE SALAIRE DE LA FEMME

ET LA

Contribution des époux aux charges du ménage

LOI DU 13 JUILLET 1907

PAR

Raoul de LA GRASSERIE

Lauréat de l'Institut de France.
Correspondant du Ministère de l'Instruction publique.
Juge au tribunal civil de Nantes.

PARIS

Aux Bureaux des LOIS NOUVELLES

9, *Rue Bleue*, 9

1907

LE

LIBRE SALAIRE DE LA FEMME

ET LA

Contribution des époux aux charges du ménage

LOI DU 13 JUILLET 1907 (1)

Section I. — But et utilité de la loi.

1. — Caractère de la loi. — La loi que nous analysons et commentons ici est relative à l'une des applications partielles de la vaste doctrine du féminisme, qui est répandue depuis assez longtemps à l'étranger et qui a fait chez nous une apparition récente ; c'en est d'ailleurs une application assez timide, comme on le verra ; mais elle est très pratique et porte sur les points essentiels, à la différence de lois précédentes qui en avaient fait un emploi plutôt pompeux et ostentatoire n'ayant pas donné de résultat appréciable, nous faisons allusion à celles qui admettent la femme-avocat, et la femme-témoin. Mais par ces lois le principe était déjà posé ; il a porté et il portera encore sans doute de nouveaux fruits dans la législation.

Le programme de cette doctrine, tel qu'il a été formulé dans de nombreux ouvrages, est fort étendu et comprend un grand nombre de branches distinctes. Il s'agit tantôt de la femme célibataire ou de la femme en général dans ses rapports avec les tiers, tantôt seulement

---

1. — *Travaux préparatoires.*—*Ch. des dép.*, 13 juillet 1906 (2ᵉ séance), prop. Cruppi; 27 novembre 1906, proposition Bauquier (supprimant l'incapacité de la femme mariée); 17 mai 1905 ; 27 février 1905, proposition Grosjean. — *Sénat*, 26 juin 1906, proposition Gourju ; 20 mars 1907, rapport Guillier; 14 mai 1907, rejet de l'urgence ; adoption en première délibération; 24 mai 1907, 2ᵉ délibération, adoption. — *Ch. des dép.*, 30 mai 1907, transmission ; 28 juin 1907, rapport Violette ; 11 juillet 1907 2ᵉ séance), urgence, adoption sans discussion.

de la femme mariée vis-à-vis de son mari, tantôt de l'exercice en fait du travail et des diverses professions, tantôt de cet exercice en droit même; tantôt le féminisme se restreint aux droits civils, tantôt il s'étend aux droits politiques, soit des fonctions publiques, soit de l'électorat, soit de l'éligibilité dans les diverses sphères de la vie communale, provinciale ou nationale. Ici l'innovation législative ne concerne que la femme mariée dans ses relations juridiques avec son mari et avec les tiers.

2. — Sa sphère d'application. — Cependant cette sphère, quoique restreinte, est déjà fort considérable, et ce n'est qu'à certains points seulement que la loi nouvelle s'attaque. D'abord elle ne concerne que les biens et non les personnes, puis pour les premiers elle se cantonne encore à un point de vue spécial. Pour bien le comprendre, il faut jeter un coup d'œil sur l'ensemble et indiquer d'abord les deux pôles entre lesquels oscille le plus ou moins de dépendance, quant au patrimoine, de la femme envers son mari.

Sa capacité a généralement été restreinte par les diverses législations, en ce que son patrimoine s'est plus ou moins confondu avec celui du mari, qui peut être porté jusqu'au point de le faire disparaître; en ce qu'il est remis à l'entière ou partielle disposition du mari, ce qui constitue les divers régimes matrimoniaux, ou bien en ce que les patrimoines restent séparés, la femme n'ayant ni l'administration, ni la jouissance du sien, et tout au moins ne pouvant contracter sans l'autorisation maritale, enfin en ce que la femme est frappée d'une incapacité spéciale d'ester en justice. C'est sur ces trois points que l'évolution a subi une continuelle progression, s'avançant toujours vers plus d'autonomie et d'indépendance féminines. En ce qui concerne le régime proprement dit, tantôt et surtout à l'origine il y a absorption complète du patrimoine de la femme par celui du mari, comme dans l'ancienne législation anglaise ; tantôt tous les biens ne forment plus qu'une seule masse, administrée et jouie par le mari, comme dans la communauté universelle, avec un simple droit pour la femme de partage égal ou inégal à la dissolution. Une réaction plus ou moins étendue a lieu contre cette situation extrême. La femme peut se réserver en propriété certains biens, les paraphernaux, dont elle peut aussi conserver la jouissance. Elle peut stipuler que certains de ses biens seront inaliénables (régime dotal). Enfin à l'opposite, elle conserve non seulement la propriété, mais aussi l'administration et la jouissance de tout le sien, c'est le régime de la séparation. Il existe aussi des régimes intermédiaires fort nombreux. Ces divers régimes sont établis en général librement par des conventions, soit antérieures au mariage et irrévocables, soit modifiables au cours du mariage : la loi statue seu-

lement pour celles qui n'ont pas fait de telles conventions ; parfois
cependant le régime légal n'est plus libre, il est imposé par le législateur. D'autre part, quel que soit le régime, même celui de la séparation, la loi exige souvent que pour tout acte onéreux, à plus forte
raison pour tout acte gratuit, la femme ait l'autorisation maritale.
Enfin si elle ne l'exige pas en général, elle le fait lorsqu'il s'agit de
la femme voulant faire valoir ses droits en justice. Ce n'est pas tout,
en certains pays on prétend à plus d'égalité ; de son côté le mari
doit demander le consentement de sa femme pour toute aliénation de
ses propres biens, cela réalise le principe très équitable de l'interdépendance.

3. — Classe sociale envisagée par le législateur. — Tous ces
régimes sur lesquels a porté l'effort du féminisme ne concernent que la
situation de la femme mariée riche ou dans l'aisance. Les Codes civils,
qui sont essentiellement des Codes bourgeois, ne se sont pas préoccupés
des autres, lesquelles cependant sont les plus nombreuses, mais qui
semblent désintéressées dans ces questions qui s'agitent à une grande
distance au-dessus d'elles ; en d'autres termes, on a fait le régime matrimonial du capital, et aussi tenté les réformes féministes du capital,
mais non celles du travail. Pourtant les femmes qui n'ont d'autres ressources que le produit de leur travail sont de beaucoup les plus nombreuses. Suivant les statistiques de l'Office du travail il y avait en 1900,
en France, 6,382,658 femmes, ne vivant que du produit de leur travail,
sur lesquelles les femmes mariées formaient le tiers, c'est-à-dire plus
de deux millions, et sur l'ensemble des femmes mariées, les indigentes
ou celles vivant de leur travail formaient 95 0/0. En la même année
sur 269,332, il n'y en eut que 85,791 qui firent des contrats, et à Paris
sur 22,000 mariages annuels, les contrats ne furent qu'au nombre de
3,600. On voit combien la balance numérique penche du côté du travail. Or toutes ces femmes, à défaut de contrat, sont mariées sous le
régime de la communauté légale, c'est-à-dire sont privées de toutes
les garanties spéciales. Cependant elles peuvent acquérir par leurs
gains, aussi bien que leurs maris. En outre, leurs salaires peuvent
être importants, surtout si elles appartiennent à une classe moyenne,
celle des commerçants, par exemple, et si leur commerce est séparé de
celui de leur mari, d'autant que la communauté, régime légal, amène
la confusion des patrimoines.

Si l'on applique à ces femmes d'une classe sociale différente, les
règles des divers régimes, on aboutit, quant à elles, à un résultat
négatif. L'ancien adage : « Où il n'y a rien, le roi perd ses droits »
est toujours en vigueur. Seulement le roi naturel est ici la femme, et
comme son mari ne possède rien, tous ses droits sont perdus d'avance.

La grande faute des législateurs jusqu'à présent, législateurs qui du reste se conformaient à l'état social, a été de régir par des règles semblables des situations qui étaient essentiellement dissemblables, suivant ainsi un système rectiligne contraire à la nature, réglant le travail sur le modèle du capital, son antagoniste.

Or ces situations sont tout à fait dissemblables et demandent à être régies par de tout autres principes. Il faut en noter ici les principales différences, ainsi que lesdangers différents qui peuvent, dans les deux cas, atteindre la femme du chef du mari.

4.— Absence de régimes spéciaux.— La première différence consiste en ce que la femme, de situation aisée, commerciale ou bourgeoise, peut modifier à peu près et partout par un contrat de mariage le régime légal, et que cette convention intervient très souvent, en effet, dans cette situation, elle apporte une dot, elle désire la protéger, ses parents le veulent aussi, et c'est leur notaire qui tient la plume. Aussi a-t-elle tous les moyens pour corriger la loi, si celle-ci est injuste, et pour stipuler son indépendance. C'est ce qui a lieu le plus souvent, et lorsqu'on représente les injustices du régime légal de la communauté pure et simple, répond-on communément, que celui-ci n'existe plus qu'en théorie ou pour les indigents, tous les autres adoptant par contrat la réduction aux acquêts. Bien plus, la femme peut stipuler le régime dotal, et alors, en thèse tout au moins, elle ne court plus aucun danger. Enfin elle est entourée de conseils, et tout d'abord de ceux de ses parents, donneurs de dot. Il en est tout autrement de la femme sans fortune et sans dot. C'est la loi elle-même qui doit se rendre prévoyante pour elle et pour ainsi dire, lui rédiger dans ses articles un contrat de mariage spécial et qui réponde à sa situation ; c'est elle qui doit être son notaire ; et c'était précisément cette femme qui restait abandonnée de toutes parts.

5. — Absence de garanties. — D'ailleurs cette femme ne peut pas user des divers remèdes que la loi institue pour celles de condition aisée aux rigueurs et aux dangers de la loi commune. Comment serait-il question du régime dotal s'il n'existe pas de dot ? Comment de l'hypothèque légale, si le mari, presque par définition, ne possède pas d'immeubles ? Comment même de séparation de biens éventuelle, s'il n'y a au logis que le pain quotidien ou légèrement différé. Il n'y a pas de capital, mais seulement du travail, et ces remèdes ne sont applicables qu'au capital. C'est que les deux sont essentiellement différents. Aussi les dangers ne sont-ils pas les mêmes pour les deux. Le capital est transmissible, on comprend que la femme puisse provisoirement en transférer la propriété, et qu'il s'agisse alors de garanties seulement pour la récupérer, tandis que le travail reste personnel et qu'on n'en peut fournir que les produits successifs.

6. — Dangers spéciaux. — Cependant le danger pour la femme existe dans les deux cas, mais il ne saurait être le même. La femme riche ou aisée est facilement ruinée, elle consent à la vente de ses propres, elle s'oblige solidairement avec son mari. Si elle est commerçante, elle engage ses capitaux dans une entreprise commune. Mais elle peut s'y reprendre, pourvu qu'elle ne le fasse pas trop tard, ce qui malheureusement advient souvent. Elle a préventivement la ressource du régime dotal, répressivement celui de la séparation de biens. La femme pauvre doit lutter contre l'ivrognerie fréquente ou la débauche du mari, cette lutte est quotidienne, car elle se réalise tous les jours pour le bas de laine peu garni dont le mari voudrait s'emparer. La violence brutale sera même employée contre cette femme, et aucune des précautions légales ne lui servira, la séparation de biens elle-même n'y pourrait rien, il ne reste que la séparation de corps ou le divorce.

7. — Situations respectives. — Qu'il s'agisse de l'une ou de l'autre, il y a d'ailleurs des intérêts légitimes et contraires à régler, si bien qu'une situation équitable ne peut être fixée d'un seul coup, mais après des tâtonnements. Pendant longtemps et aujourd'hui encore, la justice se trouve du côté de la femme trop souvent opprimée, surtout dans les classes inférieures. C'est le mari qui dépense en prodigalités, non seulement il garde pour lui tout son salaire, mais il se fait entretenir, lui et ses enfants, sur celui de sa femme, il est donc juste de réserver à celle-ci ses économies et même tous ses biens si elle en possède. Mais supposons le but suprême obtenu, c'est-à-dire la séparation complète, ou même un résultat moins intégral, la possession par la femme de ses gains, la situation ne pourra-t-elle pas être renversée, celle-ci ayant la disposition totale de ce qu'elle a épargné, mais elle a épargné en touchant et en dépensant le salaire du mari et alors le ménage aura été entretenu entièrement aux dépens de celui-ci, ce qui n'est pas juste. Que dire si la femme est dépensière, si elle a dévoré ses gains propres à son seul profit, ce qui pourra être le résultat d'une autonomie plus grande.

8. — Situations mixtes. — D'ailleurs le parallèle que nous avons établi entre les deux classes, et entre les éléments qui leur servent de base, le capital et le travail, ne sont pas toujours aussi absolus. La classe des commerçantes, par exemple, forme transition entre les deux ; le travail s'y unit intimement au capital ; seulement celui-ci peut être du même côté, c'est-à-dire de celui de la femme travailleuse, ou encore la femme peut se livrer au travail d'une profession libérale. Dans ce cas, naît la nécessité d'un règlement entre ces deux sources de la richesse.

Telles sont les diverses situations des biens pendant le mariage et les diverses solutions possibles, en considérant ces biens en eux-mêmes. Mais il faut tenir compte de l'action des différents rapports autres qui influent sur le régime matrimonial et qui doivent le différencier de leur côté.

9. — Influence du mariage quant à la personne. — La première influence qui n'a pas été assez remarquée est celle du mariage quant aux personnes sur le mariage quant aux biens. Dans les pays où le mariage est resté un lien indissoluble, on comprend facilement que les biens doivent être confondus, au moins pour un temps, que le mari doit avoir la haute main sur la caisse commune, que, si le ménage est indigent, on doit vivre sur le salaire du mari et que celui-ci y fait rentrer, à titre d'appoint, celui de sa femme. Au contraire, si le divorce est possible, surtout si celui par consentement mutuel est autorisé, le régime de la séparation de biens s'impose, et pour la femme pauvre, la propriété de son salaire. D'ailleurs, la perspective du divorce possible a déjà individualisé la femme, lui a appris à ne plus compter que sur elle-même.

10. — Inapplicabilité des règles du capital. — La seconde influence vient de la différence intrinsèque que nous venons de signaler entre le travail et le capital. Ces classes ne sont pas abolies, même par le plus fort mouvement démocratique. Or les différences entre le capital et le travail sont telles qu'un régime fort utile pour l'un est totalement et inapplicable à l'autre. Cela est incontestable en raison. Que peut faire le régime dotal à un artisan ? Que peut importer, par contre, à une femme riche le droit de retirer son livret de la Caisse d'épargne ? Malgré tout, le fait domine le droit. C'est ce que les juristes n'ont pas vu, ils l'ont méconnu même dans la discussion de la loi actuelle. Ils prétendent s'en tenir aux principes figés du vieux droit civil qui n'ont été institués que pour les capitalistes et les propriétaires. Heureusement que, lorsqu'il s'agit de régir des faits nouveaux, cette lisière éclate. Par exemple, la liberté des conventions matrimoniales est considérée comme un dogme, c'est, dit-on, le principe de liberté, l'établissement d'un régime matrimonial obligatoire ferait dans beaucoup de pays, notamment le nôtre, jeter les hauts cris. Il faudra qu'il soit libre aux époux dans le contrat, de renoncer pour la femme à la disposition de son salaire ; alors tout le bénéfice de la loi nouvelle est détruit, mais les principes sont sauvés. Aussi la loi genevoise, celle aussi que nous commentons, ont-elles, dans leur premier état, réservé les clauses contraires du contrat. Elle se sont corrigées à

temps, mais sous la malédiction des jurisconsultes dérangés de leurs
habitudes. En effet, au premier abord, il y a dans le régime du capital et dans celui du travail ainsi régis différemment une anomalie
apparente qui choque ; ce qui était un dogme fixe va se trouver
aboli, et ce qui est plus choquant, aboli seulement dans l'un de ces
deux domaines. Mais il suffit de consulter l'évolution juridique générale pour apprendre que toutes les innovations ont donné lieu à la
même critique, qu'elles ont violé, consciemment ou inconsciemment,
quelques-uns des adages antérieurs ; de là une lutte très vive. Plus
tard, à chaque fois, lorsque la loi nouvelle est reconnue par les mœurs,
les jurisconsultes se ravisent, et mettent à approuver et à expliquer
cette loi autant de subtilité qu'ils en avaient mis à la combattre, lui
cherchant après coup une racine dans les vieux principes torturés par
eux à cet effet. Les réformes s'accomplissent toujours par une violation
législative du droit antérieur.

Cependant cette dissemblance dont nous venons d'indiquer la légi-
timité sociologique finit toujours par se résoudre en une harmonie.
Celle-ci consiste en ce que ce qui est en valeur ainsi à titre d'exception
finit par attirer à soi la règle et à la changer. C'est ainsi que la demi-
séparation de biens de la femme mariée limitée à ses salaires, est seulement provisoire pendant le mariage, mais finira par devenir une séparation totale qui atteindra les autres biens, le capital lui-même.

11. — Influence des doctrines féministes. — Une autre influence
extérieure qui se fait sentir de plus en plus, c'est celle du féminisme
en général, c'est-à-dire s'appliquant même à la femme célibataire, en
d'autres termes, de l'autonomie croissante de la femme. Cette indépendance de fait se rattache elle-même au progrès de l'individualisme. A
l'origine le penchant au collectivisme soit dans l'État, soit dans la
famille, est beaucoup plus fort, peu à peu l'individu apparaît. L'esclave
devient le serf, puis le salarié ; à son tour la femme prend une personnalité véritable ; dès lors il est certain qu'il lui devient surtout difficile d'être dépouillée du résultat de son travail.

11 *bis*. — Influences de la race. — La différence qui existe entre
les différentes races humaines n'est pas moindre « Vérité en deçà,
erreur au delà. » Dans les pays latins, moins sans doute qu'en Orient,
mais presque entièrement, la personnalité de la femme n'apparaît pas ;
dans le Nord et chez les races germaniques, elle est très nette, dès les
temps les plus anciens. C'est là que le féminisme a pris naissance,
c'est là qu'il domine de plus en plus.

Tels sont quelques-uns des principaux facteurs.

12. — Différents systèmes de réforme partielle. — Nous laissons
de côté ici ce qui concerne le capital. Il n'en sera plus question que

pour comparaison. Mais ce qui concerne le travail n'a pas reçu une solution intégrale et uniforme dans les législations qui lui ont fait une place. Il eût été cependant fort simple de dire que, quel que soit le régime du capital, le travail de chaque époux lui restera propre. Mais ce n'est pas ainsi que l'on a procédé. On n'a attaqué le bloc que par fragments successifs. Voyons quelles sont en raison les solutions partielles que l'on pouvait donner à cette importante question ; nous verrons plus loin que toutes ont été agitées et diversement résolues.

Un de ces systèmes consiste à n'admettre le droit exclusif de la femme mariée au profit de son travail que lorsque le régime est celui de la communauté. C'est en effet alors qu'elle est le plus directement compromise, car le mari va toucher et dépenser et elle n'aura même pas plus tard de reprise. Sous les autres régimes elle a d'autres garanties, elle n'a plus besoin de protection : séparation de corps, régime dotal. D'ailleurs appliquer un telle innovation à ces derniers régimes, ce serait amener contre la volonté des époux une communauté des acquêts dans le régime dotal lui-même. On répond victorieusement que déjà c'est simplement y ajouter les paraphernaux que ce régime permet.

Un autre système admet bien le principe, mais seulement lorsque le danger qu'on redoute est apparu concrètement et non abstraitement. Si le mari est économe et sobre, à quoi bon imposer cette petite, mais très sensible déchéance? Il mettra à son tour, par une petite revanche, ses gains personnels de côté ou les dépensera, il faudra bien que sa femme l'entretienne. La justice devra intervenir pour prononcer cette déchéance qui deviendra une séparation judiciaire, mais mitigée, la séparation quant au travail. En effet, la séparation totale est un bien gros mot, celle partielle sera plus pratiquement prononcée.

Que si l'on admet l'établissement de ce pécule qui serait nécessaire, au moins faudrait-il le limiter aux besoins de la femme et de son ménage, par conséquent, aux classes dites proprement laborieuses, dit-on ailleurs. Il ne s'étendrait ni aux bourgeoises, ni aux commerçantes, la séparation leur est ouverte et leur suffit. Elles pourraient se constituer un pécule considérable, plus même que celui du mari. Elles pourraient, en outre, de concert avec celui-ci, faire fraude aux créanciers. Un tel danger n'est plus à craindre si les besoins du ménage servent de limite.

Dans un autre système restrictif, on comprend que ce qu'il y a de plus personnel, le résultat le plus immédiat du travail, le salaire, forme pour toute femme mariée un pécule. Cela la protège contre la prodigalité du mari qui voudrait toucher ce salaire pour elle ou le lui extorquerait facilement. D'ailleurs, c'est un argent de consommation immédiate au profit du ménage et de la famille. Tel est le but évident de la loi. Les tiers n'en souffrent pas, car cette ressource n'est pas encore entrée dans le coffre et la femme aurait pu ne pas travailler. Mais il ne faut pas aller au delà. La femme aura droit à son salaire, mais non à ce qu'elle aura épargné sur lui, surtout à ses épargnes, celles-ci sont des ressources consolidées et non cristallisées, flottantes, et ne présentent plus le même caractère.

D'autres, de sentiment diamétralement contraire, parlent non plus du salaire, mais de l'épargne. Tout ce que la femme aura économisé soit sur ses gains, soit sur ses revenus provenant du capital restera sa propriété.

D'autres enfin sont partisans d'un système intermédiaire, le pécule de la femme devra porter sur son salaire, et aussi sur le salaire consolidé, c'est-à-dire sur ce qu'elle aura acheté ou placé avec son produit, mais non sur les épargnes provenant d'une autre source.

Des divergences, plutôt théoriques que pratiques, se sont produites sur la cause juridique du nouveau pécule de la femme mariée. Suivant les uns la femme ne peut l'administrer qu'en vertu d'un mandat tacite du mari, comme celui qui existe aujourd'hui pour les dépenses du ménage ; suivant d'autres ce n'est pas un mandat du mari, puisque le droit est exercé précisément contre lui, c'est un droit *sui generis*.

Les divergences qui suivent sont plus graves et méritent de retenir l'attention.

13.— Système de réforme totale.— Suivant un système radical qui a été rarement suivi, il ne s'agit pas d'un *droit vague* de disposition des salaires et des épargnes sur le salaire avec certaines restrictions, mais d'une véritable petite séparation de biens partielle. Tout ce que la femme mariée aurait gagné par son travail, toutes les valeurs qu'elle acquérera ensuite avec son salaire, serait et resterait sa propriété exclusive, quel que soit le régime matrimonial par ailleurs. Ce serait le *régime matrimonial complet du travail*. Le mari n'aurait aucun droit sur ces valeurs, même à la dissolution de la communauté. Les cas de fraude seront réservés, et si celle-ci existait, soit-à-vis du mari, soit vis-à-vis des tiers, cette propriété pourrait être anéantie. On objecte qu'il peut être injuste que la femme se réserve pour toujours tous ses gains, tandis que le mari mettra les siens dans le ménage. La balance penche alors de l'autre côté, mais elle penche toujours.

14.— Droit d'administration ou droit de propriété. — Beaucoup et le plus grand nombre n'accordent pas à la femme sur son pécule un droit véritable de propriété. Suivant eux la distinction se fait ainsi. Le régime ordinaire des capitaux est respecté ; à la dissolution du mariage, toutes les valeurs trouvées forment capital et sont régies suivant le régime légal ou conventionnel. C'est seulement pendant le mariage que la loi doit régler spécialement le travail et ses produits. Actuellement tout appartient au mari qui administre et qui a la jouissance. Désormais cette administration et cette jouissance qui emportent sur les meubles le droit de disposer appartiennent à la femme sur son pécule de travail.

Quelques-uns professent la même doctrine, mais refusent à la femme le droit de vendre pendant le mariage le pécule converti en immeubles sans l'autorisation de son mari.

D'autres reconnaissent le plein droit de la femme, mais avec cette modification que, si elle est à son tour prodigue ou incapable ou abuse de ses droits, l'administration et la jouissance pourront lui être retirées par justice.

Enfin un système mixte existe entre ceux qui admettent sur ce pécule un droit complet de propriété pour la femme et ceux qui ne lui reconnaissent qu'un droit provisoire d'administration et de jouissance. La femme devra mettre son pécule en commun à la dissolution du mariage, mais elle aura le droit de le garder pour elle seule en renonçant à la communauté.

Tels sont les divers systèmes qui ont été admis sur le pécule à accorder à la femme mariée sur le produit de ses salaires.

Nous avons maintenant à examiner le mouvement qui s'est produit à l'étranger sur cette question spéciale, en relation avec les autres institutions féministes, avant d'aborder ses antécédents en France.

15. — Législation étrangère. — Dans certains pays, cette question a été ou plutôt elle est résolue en bloc avec celle du régime matrimonial à adopter. En effet, si le régime légal est celui de la séparation de biens, et si, en outre, ce régime est obligatoire, il n'y a plus de place pour un pécule proprement dit de la femme. Il est à noter qu'on a souvent confondu les deux solutions.

Voici d'abord les pays où la question se trouve résolue indirectement par l'admission du régime de la séparation légale.

L'Angleterre, depuis la loi du 18 août 1882, (auparavant suivant une loi spéciale du 9 août 1870 les gages et salaires de tout emploi, profession, commerce en dehors du mari, talents littéraires, artistiques, scientifiques, étaient devenus, comme pécule, la propriété exclusive de la femme, ainsi que toutes les valeurs acquises en emploi).

L'Écosse, loi du 18 juillet 1881, le mari n'a pas la jouissance de la fortune mobilière de sa femme, qui peut toucher ses revenus, ainsi que ses gains.

États-Unis, régime de la séparation de biens légale dans la plupart des États, notamment : Vermont, New-York, Kentucky, Mississipi, Kansas, Massachussets, Californie, Pensylvanie, etc.

Canada, loi de 1875 dans le même sens.

Australie et Nouvelle-Zélande, dans le même sens.

Italie, séparation de biens, mais on peut convenir d'un régime dotal avec paraphernaux et soulte d'acquêts.

Russie, séparation de biens absolue.

Avec ce régime, il est évident que la femme a la propriété sans limites de ses propres gains.

Les législations suivantes se sont occupées spécialement du pécule de la femme résultant de son travail et lui en ont accordé la propriété plus ou moins étendue.

La loi danoise du 7 mai 1888, celle norvégienne du 29 juillet 1888 donnent à la femme l'administration et la jouissance du pécule réservé par son moyen, qui comprend le salaire et tout ce qui est acheté. La loi norvégienne fait exception pour les produits des industries qui exigent un capital considérable, quand ce capital a été pour le tout ou en majeure partie constitué pour le compte du mari.

La loi suédoise du 11 décembre 1874 qui lui accorde seulement la disposition immédiate de son salaire.

La loi belge du 10 mars 1900 et celle de Neufchâtel du 18 mai 1897 qui limitent ce droit aux dépenses du ménage.

La loi italienne du 27 mai 1895 qui donne la libre disposition des gains.

La loi roumaine du 5 janvier 1880.

La loi hollandaise du 25 mai 1880.

La loi portugaise du 26 avril 1881.

La loi autrichienne du 19 novembre 1887.

Celle luxembourgeoise du 14 décembre 1887.

La loi finlandaise du 15 avril 1889.

La loi anglaise citée ci-dessus, avant l'établissement de la séparation de biens.

Celle de Genève du 7 novembre 1894.

Le Code civil allemand.

16. — Loi genevoise. — La loi genevoise est ainsi conçue, nous la reproduisons, parce qu'elle a évidemment servi de modèle à la nôtre :

« 1° La femme mariée aura sur le produit de son travail personnel pendant le mariage et sur les acquisitions provenant de ses gains les mêmes droits que la femme séparée de biens. Ces droits ne s'étendront pas aux bénéfices résultant d'une activité exercée en commun par les deux époux ;

« 2° La femme qui, par son travail, aura acquis des biens personnels, répondra sur ces biens des dettes contractées par elle sans l'autorisation du mari. Elle devra contribuer, proportionnellement à ses facultés et à celles de son mari, aux frais du ménage, comme à l'entretien et à l'éducation des enfants. Toutefois les biens personnels à la femme ne répondront de ces dernières dettes qu'à défaut de biens appartenant au mari ou à la communauté. Ils ne répondront pas des autres dettes contractées par le mari.

« 3° En cas de contestation, la femme devra établir la provenance de ses biens personnels, cette preuve pourra se faire par tous les moyens admis par la loi, et même par témoins, quelle que soit l'importance de la demande. Par dérogation aux articles 467 et suivants de la loi de procédure civile, la femme pourra dans ce cas ester en justice sans aucune autorisation.

« 4° A la dissolution du mariage, le mari ou ses héritiers pourront exiger que les biens personnels de la femme, acquis conformément à l'article premier de la présente loi, soient rapportés à la communauté. Si la femme ou ses héritiers renoncent à la communauté, ils ne seront pas soumis à cette obligation.

« A partir de sa promulgation, la loi sera applicable à tous les époux, quelle que soit l'époque de leur mariage. Néanmoins les biens de la femme, même ceux résultant de son travail personnel qui seraient entrés en communauté avant la promulgation de la présente loi, demeureront acquis à la communauté.

« Cette loi est d'ordre public et on ne peut y déroger. » C'est le Grand Conseil qui a introduit cette disposition.

17. — Loi allemande. — Le Code civil allemand statue ainsi dans ses articles 1365 et suivants:

Art. 1365. — L'administration et la jouissance du mari ne s'appliquent pas aux droits réservés de la femme.

Art. 1366. — Sont biens réservés ceux qui appartiennent exclusivement à l'usage personnel de la femme, notamment les effets d'habillement, les bijoux et les instruments de travail.

Art. 1367. — Ce que la femme gagne par son travail ou par l'exercice personnel d'une industrie fait aussi partie des biens réservés.

Comme on le voit, l'idée de constituer un pécule à la femme sur ses gains immédiats ou consolidés a été admise par de nombreuses législations avant la nôtre. C'est l'influence de cette ambiance qui nous a pénétrés. Cependant nous allons voir que ce n'a été qu'avec lenteur et peu à peu.

18. — Mouvement féministe en France. — La voie était pourtant préparée, d'abord par un certain mouvement féministe dans notre législation et en dehors dans la littérature sociale. C'est celle-ci qui avait donné le branle, quoique le féminisme en général ait trouvé beaucoup de résistance en France dans les esprits, et n'ait pas encore dépassé la barrière du ridicule qu'on tentait de lui opposer et celle de la routine. Il n'a été d'ailleurs en général soutenu qu'avec une certaine timidité, surtout en ce qui concernait les professions à ouvrir aux femmes et plus encore quant aux droits politiques. Les droits civils causaient moins de résistance, cependant on craignait de compromettre ceux du mari, et l'Allemagne elle-même dans son Code civil, tout en dispensant la femme pour disposer de son patrimoine en principe de l'autorisation maritale, avait maintenu la nécessité de celle-ci, toutes les fois que les intérêts pécuniaires du mari pourraient se trouver lésés.

Après les littérateurs connus qui s'étaient faits les champions des droits de la femme, Georges Sand, Michelet, Quinet et d'autres, plusieurs revues et associations de femmes, parmi lesquels figurent Mmes Schmahl, Coignet, de Margerie, et en outre, quelques rares jurisconsultes, notamment, Accollas, avaient défendu vivement cette cause et simplement poursuivi les réformes les plus pratiques. Le législateur était entré dans cette voie par les lois suivantes : 25 avril 1850 et 20 juillet 1886 sur les caisses des retraites, 9 avril 1881 et 20 juillet 1885 sur les caisses d'épargne postales, 6 février 1893 sur les sociétés de secours mutuel. Celle relative aux Caisses d'épargne permettait à la femme d'y faire les dépôts et de les retirer sans l'autorisation maritale. Seulement le mari ne perdait pas le droit de les retirer lui-même, et en tout cas pouvait faire opposition à ce que sa femme les retirât. Cette dernière disposition enlevait à la loi la plus grande partie de sa portée. Cependant elle ne fut pas sans effet. Dans les dix premières années de la mise en vigueur de cette loi, de 1882 à 1893, la caisse ouvrit 517, 513 comptes au nom de femmes mariées, savoir 65,595 avec l'autorisation maritale, et 451,000 sans cette autorisation. Les oppositions faites par les maris furent très peu nombreuses.

19. — Précédents législatifs. — Le législateur en vint enfin à des lois féministes plus directes. On peut citer une loi de 1897, qui admet le témoignage des femmes dans les actes de l'état civil et dans les actes notariés, y compris les testaments, une autre qui leur ouvre la profession d'avocat, celle qui les rend électrices dans les élections consulaires, celle qui les rend à la fois électrices et éligibles pour les conseils de prud'hommes, sans compter des dispositions administratives qui leur ouvrent plus largement certaines carrières.

Mais aucune de ces lois n'avait pour objectif la situation juridique de la femme mariée, c'est ce qui fait l'importance de celle actuelle.

Sa présentation et son vote ont été sans doute favorisés par la circonstance suivante. Elle est située au confluent de deux idées. Non seulement elle a été inspirée par le féminisme, mais aussi et surtout par la préoccupation de l'amélioration du sort des classes pauvres ; quoique toutes les femmes soient comprises dans les dispositions de la loi, il est certain que ce sont celles qui n'ont d'autres ressources que leur travail qui ont été principalement envisagées. Elle fait donc partie en un certain sens des lois ouvrières, quoiqu'il ne s'agisse plus ici des rapports entre ouvriers et patrons.

20. — Préliminaires de la loi. — Cependant l'incubation de ce travail législatif fut longue, puisqu'elle dura plus d'une dizaine d'années, qu'elle fut longtemps laissée et reprise et qu'elle donna lieu à plusieurs projets successifs. En voici la genèse :

Le premier projet fut déposé par MM. Jourdan, Dupuis et Montaut en 1891, il ne s'agissait que du cas où le mari aurait déjà mis en péril les salaires, c'était alors une sorte de séparation de biens. il fallait l'intervention du juge de paix ; l'auteur ne permettait que de disposer au fur et à mesure des économies, sans pouvoir les accumuler. Le second, proposé par M. Goirand en 1894, était plus vaste. Plus tard un troisième fut déposé le 27 février 1905 par M. Grosjean. Le projet Goirand fut adopté par la Chambre des députés le 27 février 1896, il fut envoyé au Sénat, mais y resta de longues années, sans qu'il en fût désormais question. Ce fut le 26 juin 1906 seulement que M. Gourju déposa au Sénat une proposition complémentaire de celle Goirand ; sur le rapport du Sénateur M. Guillien, elle fut discutée, après des débats que nous relaterons, les 19 et 27 mai 1907. Lors du renvoi à la Chambre des députés il n'y eut pas de discussion et sur la demande de son rapporteur, M. Violette, elle fut votée définitivement et promulguée le 13 juillet 1907.

L'idée directrice de la loi ne fut l'objet d'aucune critique ; la discussion ne porta que sur certaines additions dont quelques-unes d'ailleurs fort importantes. Mais avant de les analyser, nous devons indiquer l'économie générale de la loi.

21. — Économie de la loi nouvelle. — Elle renferme deux parties distinctes : l'une relative au pécule de la femme, l'autre à l'obligation de chacun des deux époux de contribuer aux charges du ménage et à pratiquer l'exécution de cette obligation.

Le pécule de la femme comprend le produit de son travail exclusif, ou économisé ou employé, l'administration lui en est confiée, comme sous le régime de la séparation de corps, elle peut le dépenser, acheter et vendre, sans l'autorisation de son mari, même les immeubles ainsi acquis, seulement elle ne peut en disposer à titre gratuit si son mari ne l'y autorise. Mais il faut qu'il s'agisse de travaux tout-à-fait personnels de la femme, le gain du travail commun des deux époux ne saurait former pécule. D'autre part, la femme ne peut se comporter comme propriétaire que jusqu'à la dissolution du mariage ; à cet événement, elle doit remettre ses économies dans la caisse commune.

Dans le projet primitif ce pécule du travail n'était constitué que sauf clause contraire du contrat de mariage. On pensait sans doute que cette clause n'était pas à craindre, puisqu'il s'agissait de classes pauvres. Dans la loi définitive on a estimé que la loi serait trop facilement éludée et on a adopté le système contraire. La législation l'emportera sur la convention. La plupart des législations étrangères décident d'ailleurs en ce sens.

Comme conséquence du droit de disposition de la femme, car qui s'engage aliène éventuellement, les biens réservés pourront être saisis par ses créanciers, ce qui différencie entièrement cette institution de celle du *homestead* et n'en fait point un instrument de protection de l'épargne naissante contre les tiers, mais seulement de protection contre le mari.

Mais ici encore la loi restreint immédiatement le droit exclusif de la femme en permettant aux créanciers du mari qui ont contracté avec celui-ci dans l'intérêt du ménage, de les saisir. De là une nouvelle difficulté résultant de cette restriction. Comment saura-t-on si la dette a été contractée dans l'intérêt du ménage ? A qui en incombera la preuve ? Ce sera au créancier. Quant au mari il ne répond point de la dette, ni sur les biens de communauté, ni sur les siens propres, s'il n'a pas donné l'autorisation. En outre, autre difficulté de preuve. Comment saura-t-on si le bien est un bien réservé ? Ce sera à la femme de l'établir, mais elle le pourra par tous moyens, excepté par la commune renommée, preuve usitée souvent en matière de reprises, mais jugée ici trop dangereuse.

Une dernière condition est mise à la constitution du pécule de la femme : celle-ci devra justifier qu'elle exerce une profession distincte de celle de son mari, car autrement il s'agirait d'économie et non de gain, ce qui ne suffirait pas, et il serait trop facile, soit de frauder les tiers, soit de se procurer un bien réservé avec le gain du mari seul, mais on sera facile pour l'admission de cette preuve, un acte de notoriété suffira.

Enfin à la dissolution du mariage, le pécule réservé rentrera dans la caisse commune si le régime est celui de la communauté, mais si ce régime est tout autre, il continue d'être la propriété exclusive de la femme, et par conséquent, il ne s'agit plus de simple disposition pendant le mariage.

On le voit, ce *pécule nouveau* est de nature tout à fait mixte, le législateur accorde et reprend sans cesse, nous examinerons plus loin les inconvénients que ces hésitations produisent, quoique le principe parte de l'équité et du souci d'une véritable justice.

Le motif impulsif de la loi a été certainement la situation de nombreux ménages populaires où le mari dissipe les gains de sa femme et ses épargnes par son ivrognerie et sa débauche, c'est alors une véritable séparation préconstituée qu'elle établit en faveur de celle-ci. L'effet sera excellent si le mari est prodigue et la femme économe, ce qui est souvent le cas. Mais qu'adviendra-t-il si en fait la situation est inverse, si c'est la femme qui est prodigue et le mari qui est économe ? C'est ce que prévoit l'article 2 avec beaucoup de sagesse. La femme peut voir prononcer contre elle la déchéance de son pécule à la demande du mari, cette déchéance peut d'ailleurs n'être que partielle ; elle est prononcée par le tribunal en chambre du conseil, et s'il y a extrême urgence, le président peut autoriser le mari à s'opposer aux actes que la femme voudrait passer avec un tiers.

Le couronnement de l'organisation du pécule, c'est le droit d'ester en justice relativement à ces biens sans autorisation préalable.

La seconde partie de la loi, solidaire de la première, résout la question de savoir comment dans un tel état se réglera entre les époux la contribution aux charges du ménage, car il ne serait pas juste de les laisser entièrement incomber au mari, la femme s'enrichirait à ses dépens. Faute d'accord entre eux, la loi établit une juridiction à leur portée, celle du juge de paix ; l'un des époux pourra faire saisir dans ce but les salaires de l'autre. La procédure est très simplifiée, la petite instance est introduite par un simple billet d'avertissement, les parties doivent comparaître en personne, la signification de la sentence au conjoint et aux tiers débiteurs saisis emporte attribution immédiate. Ces jugements sont exécutoires par provision, nonobstant opposition ou appel et sans caution ; on ne statue d'ailleurs jamais qu'en l'état.

Telle est l'économie générale de la loi nouvelle. Dans sa seconde partie, conformément au principe qui a été adopté par le Code civil allemand, elle établit entre les époux une sorte de juridiction du Cad qui n'existait pas dans notre droit.

22. — Débats parlementaires. — Les diverses propositions de loi précédentes avaient une moindre teneur et une moindre portée, celle qui a été soumise aux discussions avait elle-même des dispositions plus timides. C'est ainsi que la déchéance du pécule de la femme n'avait lieu qu'en cas d'abus, et non en celui de simple incapacité. D'autres rectifications de détail ont été aussi apportées. Mais le point essentiel a été relatif à la liberté de déroger par contrat de mariage au droit de la femme d'avoir ce pécule. Dans la première rédaction, cette liberté était admise, comme conséquence de la liberté générale des conventions ; elle a été retirée lors de la seconde lecture.

Nous avons dit que le projet, retour du Sénat, fut voté par la Chambre sans aucune discussion et d'urgence sur la demande de son rapporteur M. Violette, ce qui prouve que dans l'esprit public la réforme était bien mûre. Celui-ci, dans son rapport, se contente de se poser quelques questions juridiques, ayant trait surtout aux droits des créanciers, c'est en effet, là, un des points délicats. Il émet son opinion sur plusieurs questions : la femme pourrait-elle acheter même à créd t ? Qu'arriverait-il si elle donnait sa signature à l'un des créanciers du mari, cette signature serait-elle nulle ? La femme ne pourrait-elle pas déléguer à son mari le droit de toucher des salaires, puisqu'elle peut le faire au profit d'un étranger ? Il résolut par la négative, et se prononça dans le sens de l'application la plus absolue de la loi nouvelle.

Devant le Sénat il en avait été autrement. Lors des deux lectures successives, la loi fut examinée avec attention. Sur l'article premier, M. Legrand proposa de ne pas permettre à la femme d'aliéner un immeuble de son pécule spécial sans l'autorisation de son mari ou de justice. En ce qui concerne les droits des tiers, on aurait dû suivant lui indiquer les preuves que ceux-ci auraient pu exiger de la femme quant à l'origine de ses gains. Il lui fut répondu, notamment par M. de Lamarzelle, que le pécule résultant des gains et économies était plus sacré que celui résultant du patrimoine. Quant à la justification demandée, renvoi fut fait à la commission. Sur l'article 2 il fut demandé par ce dernier sénateur qu'aux mots « en cas d'abus » pour la déchéance du pécule, il fût ajouté les mots « en cas aussi de prodigalité ou d'incapacité », amendement qui passa dans la loi. Sur l'article 5 MM. Legrand et Béranger élevèrent des critiques, sur ce que l'établissement du pécule introduisait une communauté d'acquêts partielle sous le régime dotal qui n'en comporte pas. Il leur fut répondu qu'il n'y aurait pas ainsi communauté, mais, seulement, introduction d'un paraphernal, ce qui n'est pas contre l'essence de ce régime.

Mais la discussion importante eut lieu lors de la seconde lecture et porta sur l'article premier. On avait jusqu'alors admis sans conteste que l'établissement du pécule féminin n'aurait lieu que sauf clause contraire du contrat de mariage ; la liberté des conventions semblait l'exiger, d'ailleurs la loi nouvelle n'envisageait guère que la femme n'ayant pour toute ressource que son travail, et celle-ci ne fait pas de contrat. Mais M. Maurice Faure s'insurgea contre une telle restriction qui suivant lui détruisait tout l'effet pratique de la loi. La renonciation par la femme au bénéfice de la loi deviendrait de style dans les contrats de mariage, car les époux désirent actuellement le plus de liberté possible pour la disposition de leur patrimoine. La future d'ailleurs fait peu d'attention à ce contrat, c'est le notaire qui pense et agit pour elle, comme tous les praticiens il se montrera hostile. Le rapporteur répondit en invoquant le principe absolu de la liberté des conventions, et en outre, le caractère irrévocable du contrat de mariage. On répliqua que cette irrévocabilité n'est pas si absolue, puisque, malgré cette clause, la femme peut toujours donner mandat à son mari d'administrer ses biens, que le contrat lui-même est directement révocable, sinon en France, du moins dans de nombreux pays, en Suisse, en Hongrie, en Allemagne et ailleurs, qu'en France la loi même viole le principe trop absolu de la liberté des conventions, puisqu'elle défend au mari d'accorder à sa femme l'autorisation générale d'aliéner, que la loi même discutée enfreint le grand principe des conventions libres, puisqu'elle s'applique rétroactivement aux contrats déjà faits, qu'enfin cette loi ne présente aucun danger, puisqu'en cas d'abus la révocation judiciaire est toujours admise ; un député, M. Georges Le Chevalier, résuma très bien ces idées dans une formule exacte et heureuse : « Il y a, dit-il, une liberté plus forte que celle des conventions, c'est celle des personnes. » Son avis fut adopté, et une modification très profonde est passée dans la loi. Ainsi s'est renouvelée la vieille controverse entre la liberté des conventions et l'interventionisme.

23. — Critique de la loi au point de vue sociologique. — Quelles critiques peut appeler cette loi féministe dans ses dispositions de détail et dans son ensemble ? Pour les premières, nous les placerons plus loin sous chaque article. Dans son ensemble et son principe, la loi nouvelle mérite une approbation sans réserve au point de vue sociologique. Elle était absolument nécessaire pour fonder l'équité plus grande en ce qui concerne le patrimoine des deux époux. Surtout lorsqu'il s'agissait des classes populaires, le mari ivrogne ou paysan abusait de sa force pour extorquer à sa femme le produit du travail de celle-ci, qu'il allait dépenser en débauches, sans aucun souci de subvenir aux besoins du ménage. Il fallait, pour l'en empêcher, recourir au remède extrême de la séparation de biens, et alors celle-ci conduisait fatalement à la séparation de corps ou au divorce, car le mari ne souffrait pas d'être privé du seul avantage qu'il cherchait dans le mariage, l'esclavage d'une autre personne travaillant pour lui. Les remèdes fournis par les lois précédentes étaient tout à fait insuffisants, par exemple, le droit de faire des dépôts à la Caisse d'épargne, puisque le mari pouvait faire opposition au retrait. La loi peut être utile aussi aux travailleurs de l'intelligence et aux commerçantes, car là encore s'il y a souvent mélange, c'est le travail, qui donne d'abord le

capital ; or, le capital a ses régimes matrimoniaux, ses règlements de
toutes sortes, pourquoi le travail n'aurait-il pas les siens ? D'autre part,
l'idée féministe, qui comporte beaucoup de degrés différents, est incontestable quand il s'agit d'accorder à la femme les droits primordiaux
qu'on ne refuse pas au moindre des hommes, et elle ne peut rester
soumise à l'esclavage familial, lorsque les droits de l'homme ont partout
été proclamés. Enfin une idée de simple humanité et d'équité domine
ce sujet, car il est extrêmement injuste de se voir enlever ses gains et
économies aussitôt qu'ils sont acquis, et d'admettre que l'homme
puisse vivre en parasite aux dépens de sa compagne.

24. — Critique au point de vue juridique. — Si du point de vue
sociologique nous passons au point de vue juridique, nous trouvons,
au contraire, des difficultés qui, si elles ne doivent pas faire rejeter
une loi aussi utile, créent cependant une situation mixte qui présente
quelques incohérences, malgré le soin que le législateur a pris pour
les éliminer. On a opposé le principe de l'immutabilité des conventions matrimoniales qui est un axiome dans notre droit, il est certainement lésé par la loi nouvelle, mais est-ce bien un principe de raison,
lorsque nous voyons la plupart des législations étrangères le mettre de
côté, permettre de faire un contrat de mariage après le mariage.
Celui de la liberté des conventions est plus important et on prétend
souvent qu'il est absolu, mais nos lois y portent de temps en temps
atteinte, et alors il n'est plus que relatif. Enfin est-ce bien un principe juste ? Car la Société n'a-t-elle pas le droit d'intervenir et d'imposer sa volonté ? Elle le fait bien en cas de jeu, de pari, de conventions immorales. Ne le doit-elle pas, pour rendre son autorité efficace,
surtout quand la clause insérée dans un contrat serait ou deviendrait
une clause de style, qu'elle ne serait même pas comprise par le
contractant, et serait en réalité, l'œuvre de tiers ? Il nous semble donc
que les vrais principes juridiques restent intacts et que ce sont seulement des principes imaginaires qui se trouvent lésés sur les points
qui précèdent. D'ailleurs les principes en vigueur ont été faits pour le
capital qui avait seul attiré l'attention du législateur, ils ne s'appliquent pas au travail qui doit avoir ses principes propres.

25. — Critique au point de vue pratique. — Il n'existe donc pas
d'obstacles venant d'ailleurs et il s'agit seulement de savoir si toutes
les parties de la loi se tiennent dans une étroite cohérence, si le
pécule accordé à la femme, mais sous de nombreuses restrictions, ne
forme pas un tout trop complexe, et s'il n'eût pas mieux valu résoudre
d'une façon plus simple les rapports matrimoniaux entre époux.

Deux solutions se présentaient, outre celle admise par la loi. Chacun des époux ne doit-il pas conserver son patrimoine propre, sans le

communiquer à son conjoint, soit en capital, soit en jouissance ? N'est-ce pas le meilleur moyen d'empêcher les mariages d'argent qui sont le fléau familial de certains pays, comme le nôtre ? Alors le moyen très simple et unique d'assurer l'autonomie de la femme et d'empêcher dans les classes populaires le mari de dévorer ses économies serait d'imposer la séparation de biens, régime unique et obligatoire. On n'aurait plus alors à faire les distinctions et les sous-distinctions si touffues de la loi nouvelle. Le régime du capital et le régime du travail seraient unifiés. D'ailleurs est-il juste d'admettre un pécule féminin pour ce qui provient de ses gains seulement et des économies sur ses gains, et non pour ce qui provient de ses économies sur les revenus de son patrimoine ?

La seconde solution moins radicale consisterait, tout en conservant le régime matrimonial du capital tel qu'il existe, à constituer de toutes pièces le régime de la séparation pour les produits du travail. La femme n'en aurait plus seulement l'administration, la jouissance, la disposition pendant le mariage, elle les conserverait après, et ne les remettrait pas dans la caisse commune. Le mari en ferait autant de son côté, il conserverait pour lui, sauf, bien entendu, la contribution aux charges du mariage, tout ce proviendrait de son travail, même après la dissolution du mariage, ce qui revient à dire que tout le *patrimoine-travail* serait soumis à la séparation, quel que soit le régime adopté pour le *patrimoine-capital.*

La loi nouvelle n'a accepté ni l'un ni l'autre de ces deux systèmes complets. Elle en a adopté un autre, hybride et peu logique. Tout d'abord elle est partie d'un tout autre principe. Elle a opposé au droit d'administration et de jouissance du mari sur certains biens, un droit d'administration et de jouissance de la femme sur certains autres, la propriété restant commune. Le mari pouvait abuser de son droit, la libre administration permettant de disposer pendant le mariage, la femme pourra abuser du sien, cette libre administration entraînant le même droit. A la dissolution, si les gains existent encore, ils seront de part et d'autre reversés dans la masse. Voilà une situation singulière ! C'est celui qui aura dépensé le produit de son travail pendant le mariage qui ne devra rien ; c'est celui qui aura économisé qui devra seul rapporter. Ici encore le mari dissipateur se trouve favorisé. Sans doute, pendant le mariage, ses vices seront réprimés, mais à la dissolution, encore, ils seront récompensés. Sans doute la femme conservera le produit de son travail, mais pendant un temps seulement ; lorsque son mari mourra, elle en perdra la moitié. Tels sont les inconvénients de cette situation peu naturelle : propriété, mais propriété résoluble. Ce qui est plus grave, c'est que la femme sera ainsi incitée à dépenser ou tout au moins à démembrer, à détourner ses économies, et le but moralisatour de la loi sera manqué en partie. Ces inconvénients auraient disparu devant une situation plus réelle : celle d'une séparation.

Ce n'est pas tout, car la loi donne et reprend sans cesse, avance et recule, se rectifie à chaque instant. On s'est aperçu de cet inconvénient et on a accordé à la femme le droit de garder définitivement son pécule en renonçant à la communauté, s'il y a toutefois communauté. C'est encore une demi-mesure. D'abord elle n'opère que s'il y a eu régime de communauté, ce qui n'a pas lieu toujours, surtout pour les commerçants. Puis voilà la propriété du pécule de plus en plus ambulatoire. Pendant le mariage elle appartient uniquement à la femme, puisqu'elle peut abuser ou dépenser ; à la mort du mari, elle est versée dans la masse, mais en renonçant à tout autre bénéfice, la femme peut la récupérer. Pourquoi la priver de ses économies, parce qu'elle trouve dans la communauté elle-même par ailleurs quelque bénéfice ? C'est la réduire à la portion congrue.

25 *bis.* — **Inconvénients futurs de la loi.** — Dans notre état social de transition, l'innovation du pécule présente des inconvénients auxquels on n'a pas songé parce qu'ils appartiennent plus à l'avenir qu'au présent, cependant on peut les pressentir. La femme a acquis non encore en droit, mais en fait, une autonomie certaine et avec une situation meilleure, comme toujours, ses défauts vont s'amplifier. Rien ne nous assure qu'elle ne deviendra pas le tyran à son tour, tout au moins, elle pourra être plus dépensière que son mari, elle l'est quelquefois déjà. Aussi est-ce avec raison que la loi prévoit et autorise sa déchéance prononcée par justice. Mais elle ne prévoit que son imprudence ou sa dissipation, elle n'a pas entrevu sa rapacité possible. Cette femme peut garder devant soi toutes ses économies, en dissimuler le placement, et vivre sur le seul travail du mari. Cela n'est pas équitable, il est vrai qu'on donne à chaque époux une action pour contraindre l'autre à contribuer aux charges du ménage. Mais comment atteindre la femme pour l'exécution de cette décision On propose des saisies-arrêts, et voici la guerre allumée. L'égalité n'existe pas d'ailleurs entre les époux. On suppose des époux sans fortune, la femme aura son pécule et le mari n'aura pas le sien, ce n'est pas équitable. Ceci nous ramène à la nécessité du régime de la séparation.

25 *ter.* — **De la situation vis-à-vis des tiers.** — Le point le plus délicat est le règlement de la situation vis-à-vis des tiers, créanciers des deux époux ou de l'un d'eux. Si les époux sont commerçants surtout, une large fraude peut être pratiquée. Mari et femme peuvent être d'accord pour cette fraude. Comment l'empêcher? Ce n'est pas facile. Il s'agit de savoir, d'une part, si la valeur présentée comme pécule de la femme l'est bien en effet, c'est-à-dire a été achetée avec son salaire, et d'autre part si la dette invoquée est celle de la communauté, du mari ou de la femme, enfin s'il y a bien profession. Le rapporteur à la Chambre des députés a bien compris le danger grave et a posé ces questions. La loi y a répondu, mais d'une façon assez vague et peut-être insuffisante. La difficulté s'augmente encore si l'on tient compte de cette disposition que le mari peut engager le pécule réservé de la femme, si c'est pour les besoins du ménage. Il s'agira donc encore de prouver (4ᵉ preuve) si dans ce cas c'est le ménage qui en a profité. On se perd dans ce dédale. Comment s'y retrouver et comment aurait-on pu organiser d'une manière simple toutes ces preuves à fournir ? Il serait trop long de le rechercher ici, mais on ne paraît pas y avoir réussi ; c'était tantôt au mari, tantôt à la femme, tantôt aux tiers de prouver, par tous les moyens possibles, excepté par la commune renommée. Que de procès, et de procès difficiles en perspective ; la loi a voulu épargner les présomptions legales, celles-ci auraient été un moyen d'y couper court.

On ne saurait qu'approuver les procédures sommaires appliquées soit pour les biens réservés, soit pour la contribution aux charges du ménage, en laissant tout le fatras des formalités ordinaires ; il y a là un progrès sensible.

Telles sont les réflexions que la loi actuelle peut suggérer ; ce qu'on peut lui reprocher dans l'ensemble, avec le manque de simplicité, ce sont ses hésitations et son défaut d'élaboration juridique exacte. Elle n'en demeure pas moins un véritable progrès.

26. — De l'avenir de la loi. — Quel sera son avenir ? Est-ce un résultat définitif ou seulement une étape sur la route du féminisme ? Nous n'avons pas à examiner celui-ci dans son intégralité. Nous pensons qu'il se réalisera dans ses parties les plus contestées, à savoir les droits électoraux de la femme, et ce sera justice ; mais il ne s'agit que de la femme mariée et de son patrimoine. Le pécule de la femme vivant de son travail est-il le dernier mot ? Nous ne le pensons pas, et on sera conduit logiquement beaucoup au delà. Le point de départ sera les imperfections mêmes de la présente loi, ses illogismes, la propriété précaire qu'elle institue, le conflit entre le règlement du capital et celui du travail dans le patrimoine matrimonial. On en viendra aussi fatalement au régime de la séparation de biens, qui seul réalise l'autonomie des deux époux, avec cependant leur interdépendance, c'est-à-dire avec le consentement nécessaire de l'autre conjoint, lorsqu'il s'agira d'actes importants, ce qui à côté de l'autonomie réalise la solidarité nécessaire. La loi actuelle n'est qu'une étape sur cette voie.

Section II. — Texte de la loi.

Loi. — *Relative au libre salaire de la femme mariée et à la contribution des époux aux charges du ménage.* — **13 juillet 1907** (1).

Article premier. — Sous tous les régimes, et à peine de nullité de toute clause contraire portée au contrat de mariage, la femme a, sur les produits de son travail personnel et les économies en provenant, les mêmes droits d'administration que l'article 1449 du Code civil donne à la femme séparée de biens.

Elle peut en faire emploi en acquisitions de valeurs mobilières ou immobilières.

Elle peut, sans l'autorisation de son mari, aliéner, à titre onéreux les biens ainsi acquis.

La validité des actes faits par la femme sera subordonnée à la seule justification, faite par un acte de notoriété, ou par tout autre moyen mentionné dans la convention, qu'elle exerce personnellement une profession distincte de celle de son mari ; la responsabilité des tiers avec lesquels elle a traité en leur fournissant cette justification, n'est pas engagée.

Les dispositions qui précèdent ne sont pas applicables aux gains résultant du travail commun des deux époux.

Art. 2. — En cas d'abus par la femme des pouvoirs qui lui sont conférés, dans l'intérêt du ménage, par l'article précédent, notamment en cas de dissipation, d'imprudence ou de mauvaise gestion, le mari pourra en faire prononcer le retrait soit en tout, soit en partie, par le tribunal civil du domicile des époux, statuant en chambre du conseil, en présence de la femme, ou elle dûment appelée, le ministère public entendu.

En cas d'urgence, le président de ce tribunal peut, par ordonnance de référé, lui donner l'autorisation de s'opposer aux actes que la femme se propose de passer avec un tiers.

Art. 3. — Les biens réservés à l'administration de la femme pourront être saisis par ses créanciers.

Ils pourront l'être aussi par les créanciers du mari qui ont contracté avec lui dans l'intérêt du ménage, alors que, d'après le régime adopté, ils auraient dû, antérieurement à la présente loi, se trouver entre les mains du mari.

La preuve que la dette a été contractée par le mari dans l'intérêt du ménage incombe au créancier.

Le mari n'est responsable ni sur les biens ordinaires de la commu-

---

1. — Promulguée au *J. off.* du 15 juillet 1907, p. 4957.

nauté, ni sur les siens, des dettes et obligations contractées autrement que dans l'intérêt du ménage par la femme, même lorsqu'elle a agi dans la limite des droits que lui confère l'article 1er, mais sans autorisation maritale.

Art. 4. — En cas de contestation, la femme pourra, tant vis-à-vis de son mari que vis-à-vis des tiers, établir par toutes preuves de droit, même par témoins, mais non par la commune renommée, la consistance et la provenance des biens réservés.

Art. 5. — S'il y a communauté ou société d'acquêts, les biens réservés entreront dans le partage du fonds commun.

Si la femme renonce à la communauté, elle les gardera francs et quittes de toutes dettes, autres que celles dont elles étaient antérieurement le gage, en vertu de l'article 3 de la présente loi.

Cette faculté appartiendra à ses héritiers en ligne directe.

Sous tous les régimes qui ne comportent ni communauté ni société d'acquêts, ces biens sont propres à la femme.

Art. 6. — La femme pourra ester en justice sans autorisation, dans toutes les contestations relatives aux droits qui lui sont reconnus par la présente loi.

Art. 7. — Faute par l'un des époux de subvenir spontanément, dans la mesure de ses facultés, aux charges du ménage, l'autre époux pourra obtenir du juge de paix du domicile du mari, l'autorisation de saisir-arrêter et de toucher des salaires ou du produit du travail de son conjoint une part en proportion de ses besoins.

Art. 8. — Le mari et la femme seront appelés devant le juge de paix par un simple avertissement du greffier, en la forme d'une lettre missive recommandée à la poste, indiquant la nature de la demande.

Ils devront comparaître en personne, sauf les cas d'empêchement absolu et dûment justifié.

Art. 9. — La signification du jugement rendu en conformité de l'article 7 qui précède, faite au conjoint et aux tiers débiteurs à la requête de l'époux qui en bénéficie, lui vaut attribution des sommes dont la saisie a été autorisée, sans autre procédure.

Art. 10. — Les jugements rendus en vertu des articles 2 et 7 de la présente loi seront exécutoires par provision, nonobstant opposition ou appel et sans caution. Ils pourront, même lorsqu'ils seront devenus définitifs, être modifiés, si la situation respective le justifie.

Art. 11. — Les dispositions de la présente loi pourront être invoquées, même par les femmes mariées avant sa promulgation.

Section III. — Commentaire de la loi.

Article premier. — Sous tous les régimes, et à peine de nullité de toute clause contraire portée au contrat de mariage, la femme a, sur les produits de son travail personnel et les économies en provenant, les mêmes droits d'administration que l'article 1449 du Code civil donne à la femme séparée de biens.

Elle peut en faire emploi en acquisitions de valeurs mobilières ou immobilières.

Elle peut, sans l'autorisation de son mari, aliéner à titre onéreux, les biens ainsi acquis.

La validité des actes faits par la femme sera subordonnée à la seule justification, faite par un acte de notoriété, ou par tout autre moyen mentionné dans la convention, qu'elle exerce personnellement une profession distincte de celle de son mari ; la responsabilité des tiers, avec lesquels elle a traité en leur fournissant cette justification, n'est pas engagée.

Les dispositions qui précèdent ne sont pas applicables aux gains résultant du travail commun des deux époux.

27. — Des droits d'administration de la femme sur les produits de son travail personnel et les économies en provenant. — Cet article comprend le principe même de la loi, celui de la constitution au profit de la femme mariée d'un pécule sous tous les régimes, pécule contenant les produits de son salaire et des acquisitions mobilières ou immobilières qui en résultent. On ne peut qu'approuver ce principe que nous avons d'ailleurs étudié plus haut, mais il s'agit d'apprécier les corollaires que le législateur en a tirés et de rechercher quelle interprétation il conviendra d'en donner dans les contestations qui peuvent naître.

Nous avons vu la vive controverse qui s'est élevée en deuxième lecture à la Chambre des députés sur la question de savoir si ce pécule serait établi malgré toute clause contraire contenue au contrat de mariage, et quels ont été les arguments invoqués de part et d'autre. Chez nous le principe de la liberté des conventions a été généralement admis, sauf quelques dispositions contraires protégeant le pouvoir marital, et il n'y a pas de régime matrimonial imposé : la communauté n'est que le régime légal, c'est-à-dire celui supposé à défaut de convention. On comprend donc la répugnance que les auteurs du projet avaient éprouvée, et qu'ils n'aient pas même songé à rendre le pécule institué obligatoire malgré toute clause contraire, et cependant lorsque M. Favre proposa cette innovation essentielle en seconde lecture, presque tous se rallièrent à son opinion, et il semble que l'opinion contraire n'avait été admise auparavant que par inadvertance. C'est qu'en effet dans plusieurs des législations étrangères qui ont admis le droit de la femme au produit de son travail, l'obligation a prévalu sur la liberté. Ce qui est curieux dans la loi genevoise, c'est d'abord la liberté qui avait prévalu, et c'est le Grand Conseil qui au dernier moment, comme ici, fit prévaloir l'obligation. Ce qui a décidé, c'est surtout le point de vue pratique ; il est certain que l'exclusion du pécule fût devenue de style dans les contrats, et que le droit de la femme auquel elle aurait toujours renoncé serait devenu lettre morte.

L'assimilation de la femme, quant à son pécule, à la femme séparée de biens, est établie par le même article, mais elle est gravement modifiée par l'article cinq qui la restreint à la période du mariage ; le droit d'aliéner sans autorisation, qui a été contesté, est cependant la conséquence de cette situation, puisque l'autorisation a été rendue inutile pour la femme séparée par une loi précédente. On ne voit pas bien pourquoi l'aliénation à titre gratuit est interdite, on s'est trop préoccupé du cas d'immoralité, la femme pouvait par ce motif être plus encline à recevoir qu'à donner. Si elle donne, c'est plutôt en pratique au profit d'un enfant préféré issu du mariage, et dans ce cas ses habitudes d'économie, puisqu'elle s'est constitué en fait un pécule, témoignent de sa sagesse. Si elle a économisé, c'est sans doute pour venir en aide à quelqu'un de ses enfants, pour lui faire acquérir une position supérieure, ce qui doit être encouragé. Exiger l'autorisation maritale est alors un non-sens. Cependant cette restriction a semblé à tout le monde nécessaire, une certaine défiance vis-à-vis de la femme a prévalu.

Pourquoi a-t-on exclu du pécule les gains résultant du travail commun des deux époux ? C'est qu'alors il s'agit nécessairement d'un mari travailleur contre lequel il n'y a plus, par conséquent, de précautions à prendre ; il s'agit surtout du mari commerçant, et par conséquent le capital et le travail se trouvent intimement fondus ensemble, et le premier absorbe le second qui devient un accessoire.

Mais alors un point souvent difficile est celui de savoir si la femme exerce réellement une profession distincte de celle de son mari. En matière de commerce cela sera assez rare, car ils collaborent, à moins que la femme ne soit commerçante et que le mari n'ait un autre emploi à salaire fixe, celui de comptable ou d'employé, par exemple. La preuve se fait au moyen d'un acte de notoriété ; alors les tiers co-contractants seront entièrement à couvert, la femme aura pleine capacité, et quand cette justification est produite, ils ne répondent pas de sa véracité. Mais alors ils auront à s'informer, conformément à l'article 7, de la provenance des biens formant le pécule.

Art. 2. — En cas d'abus par la femme des pouvoirs qui lui sont conférés, dans l'intérêt du ménage, par l'article précédent, notamment en cas de dissipation, d'imprudence ou de mauvaise gestion, le mari pourra en faire prononcer le retrait, soit en tout, soit en partie, par le tribunal civil du domicile des époux, statuant en chambre du conseil, en présence de la femme, ou elle dûment appelée, le ministère public entendu.

En cas d'urgence, le président de ce tribunal peut, par ordonnance de référé, lui donner l'autorisation de s'opposer aux actes que la femme se propose de passer avec un tiers.

28. — Déchéance des droits de la femme en cas d'abus. — Cet article apporte immédiatement la restriction la plus importante au droit de la femme. Il s'agit de la déchéance de son pécule. C'est un principe général que celui qui abuse d'un droit doit en être déchu s'il y a préjudice possible pour une autre personne, et ces déchéances sont de plus en plus fréquemment et nettement prononcées, notamment la déchéance de la tutelle, de la puissance paternelle, de l'exercice des droits sur son propre patrimoine dans le cas de l'interdiction, enfin des droits du mari en cas de séparation de biens judiciaire. La femme investie de ce nouveau droit peut en abuser à son tour; cela est si vrai que le Code allemand et plusieurs autres admettent la séparation de biens prononcée contre la femme. Le législateur devait d'autant plus s'en préoccuper ici qu'il entreprenait une expérience législative, que la femme mise en possession d'un droit nouveau peut ne pas pouvoir s'en servir, gaspiller ce qui lui est confié, tromper aussi les tiers. Tout d'abord on n'avait prévu que la malversation, mais sur une juste observation qui fut faite, on se servit d'une formule plus compréhensive, on ajouta le cas de l'imprudence. C'est le mari qui poursuit, mais il fallait entre lui et sa femme une juridiction plus douce et moins publique que d'ordinaire, la chambre du conseil était convenable, on écarta les hommes de loi qui auraient pu envenimer la querelle et on exigea, autant que possible, la présence des époux; les cas d'extrême urgence seront réglés par un référé.

On ne peut qu'approuver ces dispositions; seulement en cas d'urgence, il eût été, nous semble-t-il, préférable d'avoir recours à une juridiction plus proche, celle du juge de paix; la décision n'étant que provisoire, cela n'aurait soulevé aucune objection.

C'est l'imitation de ce qui a lieu en cas de séparation, c'est qu'il s'agit bien, en effet, de séparation partielle qui va disparaître, seulement il n'y a pas de conciliation devant le président, mais intervention du tribunal entier qui peut prendre une décision de suite.

L'article n'indique pas quelle sera la situation en cas de déchéance, mais elle résulte de l'ensemble, on sera replacé dans la situation d'autrefois et comme si la loi n'était pas intervenue. Cette solution absolue n'est peut-être pas très satisfaisante.

En effet, la femme peut avoir amassé un certain pécule qui va tomber tout de suite dans la masse gérée par le mari. Celui-ci va-t-il bien administrer? En tout cas, il reprend le droit de disposer sans limite et sans contrôle des gains et des économies de sa femme. Pourra-t-on l'en empêcher au moyen de la séparation? Cela est douteux, car la dot n'est pas mise en péril, ce sera en tout cas difficile. Le législateur aurait pu dire que le pécule sera désormais géré par le mari, mais sauf le droit de la femme de s'opposer à certains actes, par exemple, aux aliénations de la part de son mari sans son propre consentement ou sans autorisation de justice. Puis, la femme un moment prodigue peut revenir à des agissements plus sages ; ne lui rendra-t-on pas son pécule ? On lève bien l'interdiction, la dation du conseil judiciaire, la loi aurait dû prévoir ce cas qui peut souvent se produire, surtout après un certain temps, quand l'âge est venu et qu'on s'est assagi. On a trop craint les conséquences de la loi osée, il fallait les poursuivre jusqu'au bout. Le retrait devra être fort sensible à la femme, cette leçon pourra lui profiter et il ne faut pas la priver pour toujours de ses droits ; alors le goût de l'épargne serait perdu, et l'on sait que dans un ménage, surtout dans un ménage ouvrier, sans elle les économies ne sont pas possibles, car le mari ne peut que gagner et dépenser.

Peut-être n'eût-il pas été nécessaire de recourir au tribunal tout entier ; on ne doit pas perdre de vue qu'en pratique il s'agira le plus souvent de travailleurs manuels. Pour bien décider, il faut les connaître, avoir recueilli les renseignements de leurs proches ; d'autre part, leur déplacement leur occasionne des frais. Un tribunal moins solennel aurait mieux valu et le juge de paix nous eût semblé un magistrat tout désigné pour statuer. On sait que la Chambre du conseil traite ces questions de juridiction gracieuse avec une certaine légèreté pendant la suspension de l'audience, qu'elle est peu informée, que sa décision est rapide, enfin que malgré tout les officiers ministériels viennent servir d'intermédiaires.

Art. 3. — **Les biens réservés à l'administration de la femme pourront être saisis par ses créanciers.**

Ils pourront l'être aussi par les créanciers du mari qui ont contracté avec lui dans l'intérêt du ménage, alors que, d'après

le régime adopté, ils auraient dû, antérieurement à la présente
loi, se trouver entre les mains du mari.

La preuve que la dette a été contractée par le mari dans
l'intérêt du ménage incombe au créancier.

Le mari n'est responsable ni sur les biens ordinaires de la
communauté, ni sur les siens des dettes et obligations contractées autrement que dans l'intérêt du ménage par la femme,
même lorsqu'elle a agi dans la limite des droits que lui confère
l'article 1er, mais sans autorisation maritale.

**29. — De la saisie des biens réservés à l'administration de la
femme.** — L'article 3 de la loi a pour but de régler la situation nouvelle vis-à-vis de tous les créanciers, il est complété par l'article 4.
C'est un des points les plus délicats, car la fraude est facile ; le mari et
la femme peuvent parfaitement s'entendre pour faire tomber dans le
pécule de la femme des biens qui seront ainsi soustraits à leurs
poursuites, d'autant plus que les preuves de la provenance de ce pécule
ont dû être facilitées. Cependant si l'on exige des preuves trop com-
plètes, la loi devient sans effet et l'on retombe dans les formalités irri-
tantes.

Ce n'est pas tout, il s'agit aussi de savoir quels sont les créanciers
directs ou indirects du pécule de la femme. Ces derniers surtout donnent lieu à des difficultés.

30. — Des créanciers de la femme. — Tout d'abord, quels sont les
créanciers de la femme ? Ce seront ceux envers lesquels elle se sera
volontairement engagée, ce qui est sans difficultés, tout en notant
qu'elle peut désormais s'engager sur ce pécule sans aucune autorisation, soit du mari, soit de justice. Mais un cas est moins simple. Le
Velléien n'existe pas dans notre droit, et la femme peut s'obliger conjoin-
tement ou même solidairement avec son mari, soit dans l'intérêt du
ménage, soit dans celui du mari lui-même. Alors que devient la protection dont on a cherché à l'entourer ? Son pécule va se trouver détruit
aussitôt que formé. Peut-être le législateur eût-il dû ne pas en permettre la saisie, au moins pendant le mariage, il n'a pas osé aller
jusque-là. Le rapporteur au Sénat, M. Violette, examinant cette hypo-
thèse et donnant son avis personnel, estime que la signature de la
femme, donnée ainsi, serait nulle en ce qui concerne ce pécule, qu'autrement le danger serait extrême. Il se pose ensuite la question de
savoir si la femme pourra déléguer à son mari le droit de toucher son
salaire et la résout par la négative, car autrement il serait trop
facile de tourner la loi. Sans doute, mais celle-ci ne renferme aucune
prohibition, peut-on y suppléer ? La femme pourra donner mandat à

son mari, comme elle le donnerait à un tiers, de toucher son salaire,
mais ce mandat, étant toujours révocable, le danger n'existe plus ; il
n'en est pas de même de l'obligation solidaire. Mais si la femme
peut ainsi cautionner son mari sur ses biens propres, pourquoi ne le
pourrait-elle pas sur son pécule, qui n'a pas été déclaré insaisissable?
Nous estimons qu'il y a une lacune dans la loi et que l'obligation solidaire de la femme, tout en restant valable sur ses autres biens, ne
frappera pas son pécule. A ce prix seulement, la loi nouvelle aura son
effet ; car on sait avec quelle facilité la femme accorde sa signature.

31.— Des créanciers du mari.— Si ce pécule peut être saisi par les
créanciers de la femme, il ne peut l'être par ceux du mari, car autrement
il n'y aurait pas effectivement de bien réservé, mais à la dissolution
de la communauté, ces biens sont versés dans la masse, alors tombent-
ils sous le coup des poursuites des créanciers du mari? La loi néglige
de le dire. Si ces biens ne devenaient pas communs, au moins sous le
régime de la communauté, il n'y aurait pas de difficulté, ils seraient,
après comme auparavant, soustraits aux créanciers du mari, mais comme
en cas de communauté ils forment masse commune, les principes veulent que les créanciers de la communauté, et par extension ceux du mari,
puissent faire valoir leurs droits sur eux, même sur la part de la femme,
ce qu'il aurait peut-être mieux valu empêcher. Il est vrai que l'article 5
donne à la femme le droit de renoncer à la communauté, et qu'elle conserve alors le droit de garder le pécule, franc de toutes dettes, ce qui
neutralise presque entièrement en principe l'inconvénient que nous
venons de signaler.

De même que la femme n'est pas tenue sur son pécule des dettes
contractées par son mari, celui-ci n'est tenu ni sur ses biens ni sur
ceux communs de celles contractées par la femme, qui n'auront pour
gage que le pécule de celle-ci.

Cependant si le mari avait autorisé ces dettes de la femme, il en
serait tenu en vertu du droit commun antérieur.

32. — Dettes contractées dans l'intérêt du ménage. — La loi, à
côté des dettes contractées par la femme, et de celles contractées par
le mari, établit une troisième catégorie mixte, qui donnera lieu à de
nombreuses difficultés, il s'agit des dettes contractées par le mari seul
ou par la femme seule dans l'intérêt du ménage ; dans ce cas le mari
est tenu, ainsi que la communauté et la femme. Cela semble juste au
premier abord, puisque les deux époux en ont profité, mais alors que
devient le sort du pécule? A chaque instant il sera compromis, le mari
pourra l'engager par ses propres dettes, il est vrai que ce ne seraient pas
alors des dettes de débauche ou de dissipation, mais ce pourront être
des dettes d'imprudence. Comment savoir au juste si c'est dans l'inté-

rêt du ménage ou non, qu'on s'est endetté, il y a des cas où la distinction devient fort subtile. La loi n'a-t-elle pas donné d'une main et repris de l'autre ?

Mais en pareille conjoncture, à qui incombera la fardeau de la preuve ? Est-ce à l'un des époux d'établir vis-à-vis de l'autre qu'il s'est obligé dans l'intérêt commun pour lui faire supporter sa part, ou vis-à-vis du créancier que l'autre époux ne s'est pas engagé dans l'intérêt du ménage pour écarter ce créancier ? Sera-ce, au contraire, au tiers à faire la preuve que l'engagement par l'un ou l'autre époux a été contracté dans l'intérêt du ménage. La loi nouvelle met la preuve à la charge du créancier. Celle-ci lui incombe naturellement, puisque c'est lui qui invoque une extension de l'obligation, mais elle est fort difficile à administrer de sa part. Il n'a pas vu l'emploi, il ne le connaît que par les affirmations de ses débiteurs. Il sera souvent frustré, car ses débiteurs ont pu entrer en connivence depuis.

On voit que les distinctions ci-dessus, distinctions qui dans le vieux Code civil ont rendu la liquidation de la communauté si complexe, se reproduisent ici et causent les mêmes embarras. Il s'agissait cependant de régler un patrimoine *sui generis* fort simple, celui du travail, et en général, de valeur minime, on aurait pu le faire avec moins de frais d'invention législative.

Dans le droit commun des régimes de la communauté, l'inconvénient est même moins grand, parce qu'on s'appuie le plus souvent sur des documents écrits qui manqueront ici, il faudra rechercher les petits événements de la vie quotidienne, ce qui entraînera une certaine inquisition, et le créancier reculera peut-être devant les frais que cette recherche entraînera ; la loi aurait dû, au moins, ici comme elle l'a fait plus loin, établir une juridiction spéciale, peu dispendieuse, qui aurait statué sur ces questions.

Elle n'indique pas les moyens de preuve, mais évidemment tous seront admissibles, à l'exception, en s'inspirant de l'esprit de la loi nouvelle, de la commune renommée.

Art. 4. — En cas de contestation, la femme pourra, tant vis-à-vis de son mari que vis-à-vis des tiers, établir par toutes preuves de droit, même par témoins, mais non par la commune renommée, la consistance et la provenance des biens réservés·

33. — Preuve de la consistance des biens réservés à l'administration de la femme. — Il s'agit de la preuve, mais sur un point spécial : la consistance et la provenance des biens réservés, ce qui revient à dire qu'il s'agit de justifier de la part de la femme que son pécule provient, soit de son gain personnel obtenu dans une profession distincte

de celle de son mari, soit de l'économie faite sur ce gain, soit de l'em_
ploi de cette économie. La femme ne peut, en effet, ni vis-à-vis de son
mari, ni vis-à-vis des créanciers, être crue sur sa seule affirmation.

Cette preuve est assez difficile, la loi a dû la faciliter. Comment
établir, en effet, que jour par jour telle somme a été gagnée, puis
épargnée, puis placée? En effet, il ne suffirait pas de prouver qu'elle
a été placée au nom de la femme, car quand même le placement indi-
querait l'origine, cette disposition pourrait être frauduleuse, il faudra
prouver toute une sériation de faits. La loi a admis la preuve par
témoins, la seule possible. On se demande cependant pourquoi elle
a exclu celle par commune renommée, seule possible aussi quelquefois, et cependant celle-ci figurait déjà dans l'arsenal des preuves en
matière de communauté. Eût-elle donc été plus dangereuse ici que
là-bas ?

Un acte pourrait-il intervenir entre le mari et la femme pour cons-
tater la consistance et l'origine des biens réservés? Cela serait fort
utile. Nous pensons que ce serait valable *inter conjuges*, et d'ailleurs
fort utile pour empêcher les procès ; il n'est pas d'ailleurs interdit
d'une manière générale de contracter entre époux, et ici il ne s'agirait
que de la reconnaissance d'un fait. Mais cette reconnaissance serait-
elle opposable aux créanciers, sauf à ceux-ci à prouver la fraude ?
C'est fort douteux, car cette fraude deviendrait alors trop facile, et
serait trop difficile à combattre.

On voit d'après cet article et celui qui précède combien la situation
est difficile vis-à-vis des tiers, et quant au fond du droit et quant la
preuve.

Art. 5. — S'il y a communauté ou société d'acquêts, les biens
réservés entreront dans le partage du fonds commun.

Si la femme renonce à la communauté, elle les gardera francs
et quittes de toutes dettes autres que celles dont elles étaient
antérieurement le gage, en vertu de l'article 3 de la présente loi.

Cette faculté appartiendra à ses héritiers en ligne directe.

Sous tous les régimes qui ne comportent ni communauté ni
société d'acquêts, ces biens sont propres à la femme.

34. — Du sort des biens réservés après la dissolution du mariage.
— Cet article fort important règle le sort des biens réservés après la
dissolution du mariage. Il distingue le cas où le régime est la communauté, c'est le plus fréquent, puisqu'il s'agit de travailleurs qui ne
font guère de contrats, et celui où il n'y a ni communauté ni société
d'acquêts.

Le second cas est fort simple, la propriété reste à la femme, son droit se consolide entièrement.

Le cas inverse amène une sous-distinction. Le sort des biens réservés est en suspens, il dépend de l'acceptation de la communauté par la femme ou de sa renonciation. Si elle renonce, la communauté disparaît rétroactivement, il est donc juridique et logique qu'elle garde encore seule la propriété, mais si elle accepte, le pécule sera reversé dans le fonds commun.

On ne peut blâmer ces décisions au point de vue juridique, mais au point de vue pratique, on va enlever à la femme mariée le désir d'économiser, car alors elle risque de perdre en partie le fruit de ses gains ; elle économisera encore peut-être, mais seulement jusqu'à un certain chiffre, elle économisera pour elle-même et ses enfants seulement, de manière à parer aux maladies et au chômage, mais elle n'ira pas au delà. Le stimulant disparaît, celui qui résulte du désir de s'enrichir indéfiniment, cela fait toucher du doigt combien une séparation partielle limitée en son assiette, mais complète en tous ses effets, serait préférable à cette situation hybride. Nul doute qu'un législateur futur ne modifie ces dispositions, et n'accorde à la femme commune, acceptante ou renonçante, et à la femme mariée sous tous régimes, le droit absolu à son pécule. Cependant ce système a été admis sans conteste.

La loi a ajouté une restriction moins justifiable encore. La femme renonçante et ses descendants ont seuls la reprise des biens réservés, un tel droit est refusé à ses autres héritiers. Pourquoi ? Par voie de conséquence, ils ne peuvent appartenir aux simples légataires ; la femme ne peut en disposer par testament qu'au profit de ses héritiers. Cette entrave est encore plus sensible. Il est vrai que si la femme a survécu et renoncé, le pécule fait partie de son patrimoine au même titre que ses autres biens et qu'elle peut en disposer.

Art. 6. — La femme pourra ester en justice sans autorisation, dans toutes les contestations relatives aux droits qui lui sont reconnus par la présente loi.

35. — Capacité de la femme d'ester en justice. — Cet article accorde à la femme l'autorisation d'ester en justice quant à ses biens réservés sans l'autorisation de personne ; c'est un corollaire nécessaire, car elle se trouve en réalité séparée quant à ces biens et séparée en vertu non d'une décision judiciaire, mais de la loi. Ce droit n'a donné lieu à aucune discussion, à la différence de celui d'aliéner des immeubles sans autorisation. Un grand pas se trouve ainsi fait dans la voie de féminisme.

Le Code allemand en a fait un principe général pour tous les cas où l'intérêt du mari n'est pas lésé.

Art. 7. — Faute par l'un des époux de subvenir spontanément, dans la mesure de ses facultés, aux charges du ménage, l'autre époux pourra obtenir, du juge de paix du domicile du mari, l'autorisation de saisir-arrêter et de toucher des salaires ou du produit du travail de son conjoint une part en proportion de ses besoins.

Art. 8. — Le mari et la femme seront appelés devant le juge de paix par un simple avertissement du greffier, en la forme d'une lettre missive recommandée à la poste, indiquant la nature de la demande.

Ils devront comparaître en personne sauf les cas d'empêchement absolu et dûment justifié.

Art. 9. — La signification du jugement rendu en conformité de l'article 7 qui précède, faite aux conjoints et aux tiers débiteurs à la requête de l'époux qui en bénéficie, lui vaut attribution des sommes dont la saisie a été autorisée, sans autre procédure.

Art. 10. — Les jugements rendus en vertu des articles 2 et 7 de la présente loi seront exécutoires par provision, nonobstant opposition ou appel et sans caution. Ils pourront, même lorsqu'ils seront devenus définitifs, être modifiés, si la situation respective le justifie.

36. — Contribution aux charges du ménage. — Faculté pour l'un des époux de saisir-arrêter les salaires. — Procédure. — De cet article commence la seconde partie de la loi, qui a trait à la contribution de chacun des deux époux aux charges du ménage. Cette fonction va devenir beaucoup plus nécessaire, car souvent la femme n'a pas de biens, mais elle va toujours avoir un pécule. La loi innove heureusement en créant une juridiction nouvelle, celle qui est déjà chargée du règlement des pensions alimentaires, celle du juge de paix. Il est plus rapproché, il est plus à même de connaître les ressources de chacun ; sa juridiction est aussi plus rapide et moins coûteuse. La loi n'investit point, il est vrai, le juge de paix du droit de fixer toujours le chiffre de la pension, ce qui eût été expédient mais cela est moins utile depuis la nouvelle loi sur les justices de paix, et d'ailleurs le juge s'en occupera indirectement en validant la saisie.

C'est, en effet, par la voie de la saisie-arrêt sur les salaires que l'action s'introduira ; l'autorisation de saisir-arrêter sera accordée par le juge de paix ; puis on comparaîtra devant lui, non par une assignation toujours coûteuse, mais par une simple lettre envoyée par le greffier. Tous les deux devront paraître eux-mêmes, ce qui supprime les intermédiaires. La signification du jugement à l'autre époux et aux tiers débiteurs vaudra attribution définitive. Toutes ces innovations de procédure sont excellentes. Il est sous-entendu que le juge ne statue jamais qu'en l'état.

Les jugements rendus seront de suite exécutoires, ce qui coupe court à la morosité du débiteur.

Art. 11. — Les dispositions de la présente loi pourront être invoquées même par les femmes mariées avant sa promulgation.

37. — Effet rétroactif de la loi. — En général, la loi n'a pas d'effet rétroactif, mais le législateur a toujours le droit de lui en donner un, et il le fait lorsqu'il n'y a pas vraiment de droits lésés, et que d'autre part il s'agit de moralité publique. Or, tel est bien ici le caractère de cette loi. Sans cela, pendant de longues années, les maris ivrognes ou prodigues auraient pu arracher à leurs femmes le produit de leur travail et leurs économies au grand détriment de la famille. Le travail est le plus sacré de tous les capitaux, et en le proclamant, le législateur a fait bonne et haute justice.

TABLE DES MATIÈRES

Section II. — Texte de la loi.

Section III. — Commentaire de la loi.